Le

Tapis Moderne

au véritable point noué à la main

Esthétique - Laines - Teintures etc...

ÉTUDE ILLUSTRÉE DE NOMBREUSES REPRODUCTIONS — EN COULEURS ET EN MONOCHROMES — DE TAPIS ET DE SCHÉMAS DE COMPOSITION DÉCORATIVE MONTRANT COMMENT ABD-EN-NOR COMPOSE, DÉCORE ET EXÉCUTE SES TAPIS, CE QUI PERMET A SES PLUS LOINTAINS CLIENTS DE CHOISIR A DISTANCE, ET DE COMMANDER EXACTEMENT LE TAPIS QU'ILS DÉSIRENT.

Édité par la

MANUFACTURE de TAPIS d'ART de la COTE d'ARGENT

19, Rue Dauphine - BORDEAUX

PRIX : 4 FRANCS

Le

Tapis Moderne

au véritable point noué à la main

Esthétique - Laines - Teintures etc...

ÉTUDE ILLUSTRÉE DE NOMBREUSES REPRODUCTIONS — EN COULEURS ET EN MONOCHROMES — DE TAPIS ET DE SCHÉMAS DE COMPOSITION DÉCORATIVE MONTRANT COMMENT ABD-EN-NOR COMPOSE, DÉCORE ET EXÉCUTE SES TAPIS, CE QUI PERMET A SES PLUS LOINTAINS CLIENTS DE CHOISIR A DISTANCE, ET DE COMMANDER EXACTEMENT LE TAPIS QU'ILS DÉSIRENT.

Édité par la

MANUFACTURE de TAPIS d'ART de la COTE d'ARGENT

19, Rue Dauphine - BORDEAUX

" Le mur se dépouillera des tentures et des papiers peints ; il se débarrassera presque totalement des tableaux, des gravures ; il comptera par l'éloquence de ses proportions et la qualité de son éclairage. Alors le Tapis — un Tapis dont le style est encore à trouver — viendra donner au pied le confort et à la pièce une *échelle* efficace. Tandis que les murs seront libres, le sol lisse et lavable pourra recevoir de nombreux Tapis de toutes formes et de tous dessins ".

(Le Corbusier)

On ne trouve plus de beaux Tapis d'Orient anciens authentiques que dans les Musées et certaines collections particulières. Tous les autres sont de fades imitations banales ou des copies mensongères. Le **Tapis d'Orient** se meurt. Apprenez à connaître le **Tapis Moderne,** digne de prendre sa succession.

Quel compagnon enchanteur devient un Tapis, lorsqu'au moelleux de ses laines et au charme de sa caresse, il joint l'attrait d'une décoration bien composée et la séduction d'un coloris puissant et sobre !

Vous n'avez pas encore pu rencontrer le Tapis de vos rêves ? Faites-le donc exécuter par **"ABD-EN-NOR"** *sur vos indications.* (Voir page 48).

Tous nos motifs décoratifs sont régulièrement déposés et les poursuites les plus sévères seraient exercées contre les plagiaires et les copistes.

Que chaque artiste ait la dignité de rester personnel dans ses créations !

Type CROISÉ Symétrique.
avec un panneau central LIBRE
deux petits panneaux à DENTELURES et ENGRÊLURES
et FRISES.

L'Art Moderne

Nous sommes en pleine Renaissance artistique. Nul ne songe plus aujourd'hui à en douter ; nul n'ose plus sourire ou médire devant les efforts du Papillon pour sortir de la Chrysalide : Tous les artistes, poussés par une irrésistible foi, tendent leurs facultés créatrices vers un nouvel idéal de beauté.

Les formes se simplifient et s'harmonisent avec le genre de vie moderne. Les plus fanatiques admirateurs d'Art Ancien ne pensent plus à comparer entre eux un carrosse majestueux, couvert d'or et de sculptures, et une

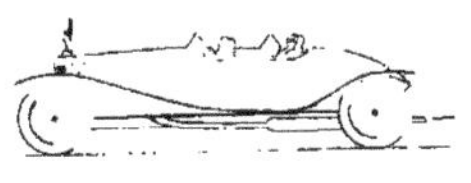

automobile nette, aux parois lisses, aux lignes pures et fuyantes. Ils comprennent maintenant que chacun a sa beauté, et que cette beauté s'harmonise avec son milieu et correspond à son époque.

Le Confort Moderne et le Tapis

L'Architecture se transforme elle aussi rapidement pour s'adapter à nos goûts actuels et toute la décoration intérieure s'en ressent.

Nous voulons aujourd'hui être confortablement installés : après une séance sportive ou une journée de travail cérébral intense, nous voulons pouvoir détendre nos

muscles fatigués ou laisser reposer notre tête lasse, et il nous faut alors des Divans bas, des Coussins larges, des Tapis souples et moelleux.

La sobriété de la décoration architecturale permet à tous ces objets familiers de venir doucement nous bercer par le chatoiement de leurs couleurs ou la beauté de leur matière.

La Nappe

Nous appelons ainsi la surface veloutée d'un Tapis au point noué. En général elle est en laine. Mais on utilise aussi d'autres fibres et en particulier la soie.

La laine et la soie destinées aux Tapis, doivent avoir des qualités un peu différentes de celles que l'on demande à la laine ou à la soie pour vêtements.

D'abord, il la faut beaucoup plus résistante. On imagine difficilement en effet, l'effort supporté par la nappe d'un Tapis que l'on foule, que l'on frotte, sur laquelle on piétine, qu'on balaie brutalement, sur

laquelle on traîne des meubles ou des sièges, etc...

A côté de ces qualités indispensables de résistance, il faut des qualités spéciales de brillant, de lustre, de soyeux.

Seule la bonne **laine "vivante",** c'est-à-dire provenant de la tonte de l'animal vivant, doit être employée. La **laine "morte"** provenant du pelage des peaux d'animaux morts, est terne, molle et peu résistante.

Nombre de Points au Décimètre Carré

En général, plus le nœud est petit, plus le Tapis est velouté, soyeux, souple et caressant. Les Tapis d'Orient sont très variables à ce point de vue. La plupart ont entre 400 et 800 points au dm². D'autres vont jusqu'à 1.500, 2.000 et au-delà ; la plupart des tapis modernes en ont à peine 300.

Nos tapis ont en général entre 400 et 800 nœuds au décimètre carré. Cette grosseur de point permet un dessin assez détaillé, et les prix restent dans des limites très abordables pour des Tapis d'Art. Au-delà de 1.000 / 1.200 points au décimètre carré des prix spéciaux sont appliqués.

La Chaîne et la Trame

Quoique noyées dans le flot touffu des points de la nappe, la chaîne et la trame sont l'**armature** du Tapis et elles ont besoin de lier solidement entre eux les milliers de

nœuds qui n'en sont que la parure.

Elles doivent être à la fois résistantes et souples pour que le Tapis garde un caractère de tissu, et que ses plis chatoient. La chaîne doit en outre former les franges et il n'est pas indifférent d'en étudier attentivement la solidité, la grosseur, la torsion, la couleur, la nature (laine. coton, lin, poil de chameau ou de chèvre, etc...)

Mais quel compagnon enchanteur devient un Tapis, lorsqu'au velouté de sa nappe et à la souplesse de son tissu, il joint l'attrait d'une décoration bien composée et la séduction d'un coloris puissant et sobre !

Le Tapis d'Orient se meurt

Certains Tapis anciens d'Orient sont à ce point de vue de prestigieuses merveilles. Mais d'autres, beaucoup d'autres, hélas, sont aujourd'hui usés et ne nous offrent plus que le souvenir mélancolique de leur splendeur déchue. Les plus beaux et les mieux conservés sont dans les musées ou de rares collections. La plupart de ceux que nous voyons en vente ne sont que de pâles et maladroites copies d'un art qui ne souffre pas la

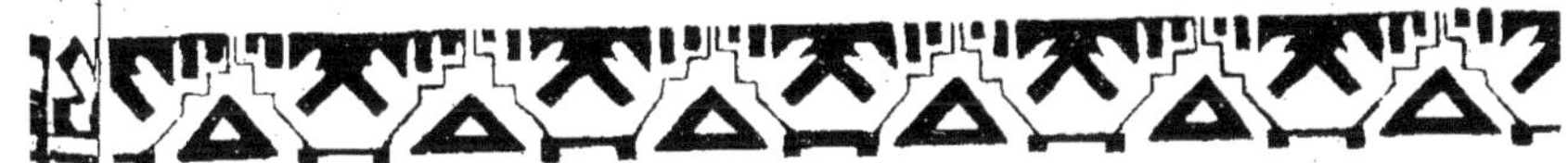

copie et ne peut être vivant que par la fraîcheur, la spontanéité et le renouvellement incessant de la conception. Et ceux qui cherchent à ressusciter un art mourant en précipitent encore la déchéance.

Le Tapis Moderne s'apprête à lui succéder

Aujourd'hui donc, le Tapis Ancien d'Orient est devenu rarissime. Et pour satisfaire au goût de certains amateurs, encore nombreux, on leur fabrique par centaines (en Orient comme en Occident) des "Tapis Anciens authentiques" qu'on leur fait payer au prix de l'or !...

Les procédés employés couramment pour vieillir un Tapis doivent être aussi sévèrement réprouvés par la morale qu'énergiquement condamnés par l'hygiène.

Dans ces conditions, un Tapis neuf qui ne cherche pas à cacher sa jeunesse, doit être préféré sans hésitation. La patine du temps viendra assez tôt. Du reste dans le courant d'esprit moderne, beaucoup d'amateurs commencent à se fatiguer des éternels poncifs d'Orient, et cela d'autant plus que la **fausse patine,** fade

et grise des **Tapis simili-anciens** est bien laide comparée à la franche et joyeuse fraîcheur du beau tapis neuf : Quand les Orientaux tissaient leurs tapis aux XVIe et XVIIe siècles, ne leur donnaient-ils pas des couleurs resplendissantes, très différentes des tons fanés que nous leur voyons aujourd'hui ? Et cependant, songeons-nous à discuter leur bon goût ?

Mais, dira-t-on, **quel est le Tapis moderne qui peut lutter de beauté avec un vrai tapis d'Orient ?** Nous répondrons : **" C'est celui qui respecte les mêmes principes de composition, de dessin et de coloris, qui a le même caractère de spontanéité et les mêmes qualités de solidité et de soyeux.**

Quel doit être le caractère de l'ornementation du Tapis ?

La plupart des Tapis d'Occident (et

notamment les tapis français de la Savonnerie), ne possèdent malheureusement pas toutes ces qualités. D'abord ils ont le **grave défaut** de représenter les objets (fleurs, fruits, guirlandes, etc...) **avec leurs ombres et leurs lumières,** leur relief, leur "modelé" : il en résulte une impression assez pénible de marcher sur une surface qui ne serait pas plate, mais **encombrée d'objets divers** sur quoi l'on va trébucher ou que l'on va écraser. Et mieux les motifs sont dessinés, de plus près ils imitent la nature, plus forte est cette impression de malaise : ils feraient assez bien des tapisseries murales, alors que leur but était d'offrir aux pieds confiants un champ agréable et une assise sûre.

Que doit être le coloris du Tapis ?

Ajoutez à cela qu'il n'ont ni la gaieté, ni la puissance de coloris de leurs frères d'Orient ; le plus souvent les tonalités fades y dominent, leur palette n'est composée que de tons plus ou moins décolorés, sans aucune franchise.
Disons d'un mot qu'ils sont mélancoliques.

Un ciel gris peut être beau, il est toujours triste. Quelle différence quand un ciel d'azur laisse le soleil radieux égayer tout ce que touchent ses rayons !

Il anime et colore, il vivifie et réjouit.

Or, notre mentalité actuelle réclame impérieusement cette vie et cette joie : et l'Art Moderne les traduit par une recherche d'air pur et de jour dans nos demeures, et de confort pratique dans notre mobilier.

Toute l'architecture moderne tend vers ce double but.

Le Tapis peut être une des pièces de notre mobilier que nous pouvons le plus facilement rénover

Dans cette radicale transformation de nos demeures, il est parfois difficile **d'accorder les objets modernes avec les anciens que nous possédons déjà.** Mais le Tapis peut faire exception. Par sa nature et son objet, il est en effet la partie de notre ameublement qui nous facilite le plus la rénovation insensible de notre intérieur.

Les Tapis d'Abd-en-Nor quoique modernes s'accordent avec les objets anciens

Les Tapis d'ABD-EN-NOR ont justement les qualités qui permettent à un bel objet de s'accorder toujours harmonieusement avec ce qui l'entoure sans jamais choquer le goût, ni heurter les regards.

Le caractère des compositions et et l'harmonie des coloris s'accomodent

de tous les styles d'ameublement et de décoration, comme une Miniature Hindoue, un Vase Persan ou un Paravent Chinois trouvent leur place même dans les intérieurs les plus classiques et quel que soit le style de leur ornementation.

Mettez un Tapis gai dans une chambre triste, il fera aussitôt l'effet d'un rayon de soleil vivifiant. Peu importent les motifs de l'ornementation pourvu qu'ils ne donnent aucune illusion de relief, pourvu aussi que l'orchestration de ses couleurs soit belle et puissante, tout en restant sobre, car si les couleurs gaies sont agréables, les couleurs trop éclatantes sont vulgaires et nos yeux s'en lassent vite.

Les Teintures

Ici intervient une question de tout premier ordre : la QUALITÉ et la NATURE des COLORANTS.

Pendant de longs siècles on a teint les tissus, et en particulier les Tapis, avec des substances tirées de certaines plantes ou de certains animaux.

Les anciennes Teintures végétales

Ces couleurs, extraites dans des conditions plus ou moins primitives, contenaient des matières étrangères et, contrairement à la légende, manquaient de solidité. Car c'est une légende (qu'au vingtième siècle il serait enfin temps de rejeter) de croire que les anciennes couleurs, dites "végétales" ou "naturelles", étaient plus solides que les modernes dites "minérales" ou "synthétiques".

Il suffit d'écarter les brins des anciens

Type COUPÉ_Symétrique

Centre à CHEVRONS irréguliers fantaisie.

Tonalité Générale : Vert, Garance et Jaune.

Type PARTI Symétrique

sur champ large. (franges sur les côtés les plus longs).

tapis pour voir que l'intérieur resté à l'abri de la lumière, a conservé des couleurs beaucoup plus vives que la surface. Et encore faut-il remarquer que la plupart des Tapis anciens sont restés longtemps dans des appartements sombres et ont toujours été traités avec les plus grands soins. En outre ceux d'Orient n'ont, pendant des lustres, été frôlés que par des pieds nus ou des babouches. Aujourd'hui nous aimons la lumière et l'air, les laissons pénétrer librement chez nous, et nous marchons sur nos tapis avec des chaussures souvent mouillées ou tachées de boue ! Quelle résistance ne faut-il pas alors aux tapis destinés à subir tous ces outrages ?

Les nouvelles Teintures minérales

Grâce aux progrès de la Chimie, les Hommes sont arrivés à forcer la Nature et à lui faire produire dans leurs laboratoires ce qu'elle fabriquait au hasard dans les Champs et les Forêts, les Eaux et les Terres. Ils l'ont aidée et maintenant ils obtiennent d'elle ce qu'elle n'avait jamais su produire toute seule : des colorants purs et solides.

Ce qui a porté un grand tort à la réputation des couleurs chimiques modernes, c'est que toute une famille de ces

sur champ large. (franges sur les côtés les plus longs).

couleurs (les anilines) manque de solidité; elles ne résistent pas à la lumière et déteignent très facilement.

Ces couleurs sont d'un éclat vif et vulgaire ; elles sont également si bon marché qu'on les emploie universellement

Des couleurs modernes plus solides que les anciennes

Mais il en est quelques autres qui **résistent infiniment mieux aux agents destructeurs que tout ce que l'Antiquité a connu de plus solide :** voilà une vérité que le public doit connaître aujourd'hui.

Il s'agit donc de choisir dans les innombrables colorants que la chimie met à notre disposition, ceux qui ont donné les preuves de la plus grande résistance aux différentes causes de destruction : lumière, frottement, nettoyage, etc...

Il n'y en a pas beaucoup ; ils sont cependant en nombre suffisant pour donner aux dessinateurs de Tapis la gamme des nuances nécessaires.

Il se trouve que cette catégorie de colorants modernes, la plus solide, est aussi, hélas, la plus coûteuse. C'est la seule qu'Abd-en-Nor emploie pour teindre les laines de ses Tapis.

Les Tapis de la Côte d'Argent

La France, qui en 1925 a pris l'initiative de grouper les efforts du monde entier

Type PARTI suggéré

dans la voie artistique nouvelle, qui par son Empire Colonial est en contact direct et constant avec de nombreux peuples passés maîtres dans l'art du Tapis et qui elle-même possède depuis longtemps des fabriques renommées de Tapis et de Tapisseries, la France semble avoir été désignée par la nature pour **rénover l'art si ancien, si beau, si noble et si difficile du Tapis.**

Elle vient en effet de réussir à faire naître d'une mystérieuse Graine d'Orient une Fleur nouvelle, libre et joyeuse, rayonnante de gaîté sereine et de douce et sobre franchise.

Abd-en-Nor et ses sources d'inspiration

C'est sur la Côte d'Argent, à Bordeaux, que vient d'éclore cette fleur : son jardinier Abd-en-Nor, transplanté lui-même de l'Orient lointain, l'entoure de soins vigilants et amoureux, comme autrefois le célèbre jardinier persan Zafid, cultivait ses Roses d'Ispahan.

Abd-en-Nor, s'est épris du Sud-Ouest de la France, de ses pignadars embaumés, de ses dunes de sable doré, de son Océan au vert profond frangé d'Argent

Il a appliqué la vision orientale à l'étude de ce curieux pays : la synthèse qui en est résultée et sa transposition en Tapis, a produit un style particulièrement savoureux et attrayant.

Ses compositions sont presque toutes inspirées de la faune et de la flore marine de la Côte d'Argent : toutes sortes de poissons y évoluent et s'y poursuivent : les oursins, les étoiles de mer, les pieuvres s'enlacent et s'entrecroisent, les coquillages, les algues, les anémones de mer y forment des rubans chatoyants, les rochers et les vagues même prennent leur part au concert de couleurs, de lignes et de formes.

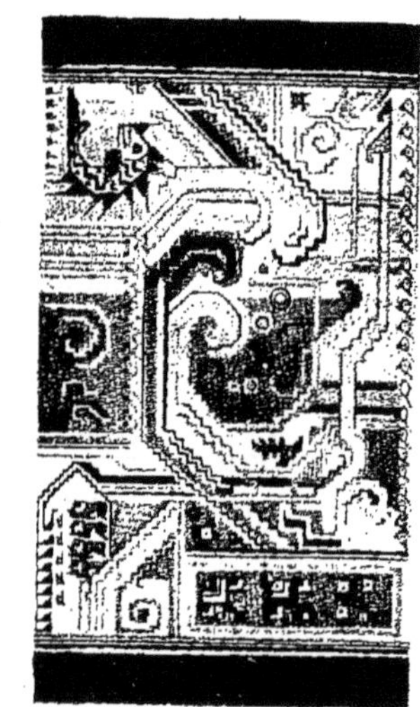

Chaque tapis d'Abd-en-Nor n'est fait qu'à un seul exemplaire

Mais tous ces joyeux ébats sont coordonnés et disciplinés, toutes ces formes s'équilibrent, ces lignes obéissent et ces couleurs s'harmonisent. Car tout cela n'est

Type COUPÉ et PARTI

Centre SAUTOIR suggéré.

Fond Jaune — Bordure Prune.

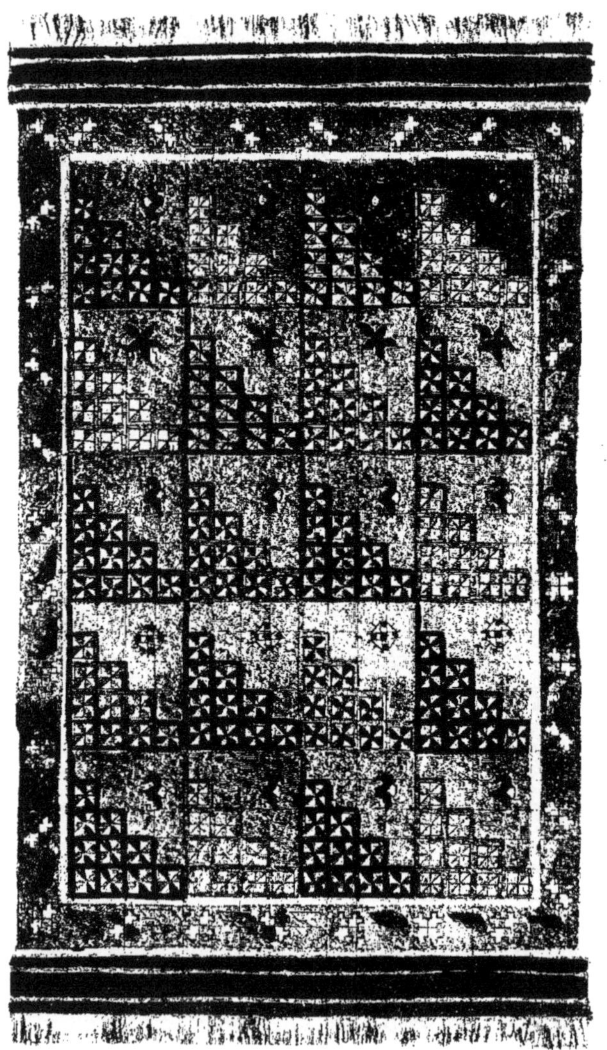

Type CROISÉ Régulier.

à cantonnement DIAGONES par Engrêlures en Équerre.

Petit encadrement et 2 petites Bordures

Jaune — Bleu · Brun.

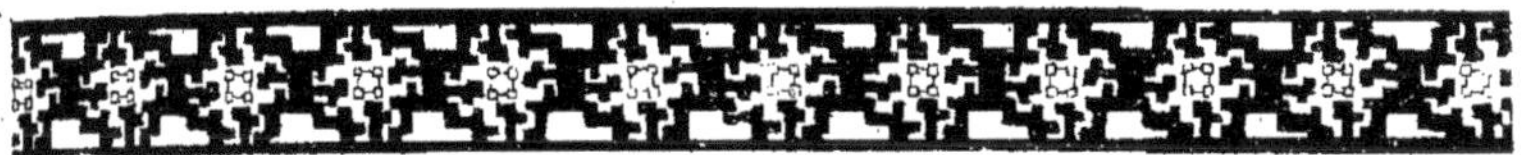

que prétexte.

Chaque composition est étudiée et construite.

Chaque Tapis est une œuvre d'art. Ajoutons que c'est une œuvre d'art unique de collection : en effet il n'est jamais fait deux tapis semblables ; chacun est absolument **garanti Pièce Unique,** portant, tissé dans ses nœuds, un numéro d'ordre et la signature 'Abd-en-Nor' en arabe عبد النور marque déposée.

Les Tapis d'Abd-en-Nor sont les moins chers des tapis de collection

Malgré ses qualités exceptionnelles, malgré les soins apportés au choix des matières premières, à la teinture et à la fabrication, nos tapis sont d'un prix fort au-dessous de ceux d'objets semblables. **Aucun tapis de collection ne peut rivaliser avec eux comme prix.** Ce dernier varie suivant la hauteur de la laine, la grosseur du point, le nombre de points au décimètre carré, le poids du tapis, et enfin le degré de réussite artistique que présente la pièce envisagée. Il est de **30 à 50 °/ₒ meilleur marché** que ce qui correspond comme qualité en tapis authentiques de collections.

Notre Fabrication

Il est impossible dans une notice, même illustrée comme celle-ci, de donner une

idée complète de l'immense variété de tapis qui sortent des ateliers Abd-en-Nor, puisque chacun diffère du précédent.

Les Tapis faits à la machine

Une remarque importante : il ne faut pas confondre les Tapis "Abd-en-Nor" (entièrement exécutés à la main et d'une solidité à toute épreuve comme tissage et comme couleurs) avec les nombreux tapis d'Orient ou d'Occident modernes (ou simili-anciens). Ces derniers sont fabriqués à la machine en grandes séries. On en trouve dans tous les grands magasins et même depuis quelques années dans les Maisons spéciales d'Importation de Tapis. Si l'on n'est pas du métier on peut facilement se laisser tromper : ce n'est qu'à l'usage qu'on s'en aperçoit, mais il est alors trop tard. Un œil un peu affiné reconnaît vite la **morne uniformité,** la **tristesse,** la **fadeur** du **Tapis fait à la machine.**

Il ne parle pas à notre œil : il est comme un être **mort.**

Le Tapis fait à la main est comme un être **vivant** qui nous connaît et nous sourit !

Collectionneurs, Amateurs, Artistes, Connaisseurs, qui comprenez la noblesse du Tapis au point noué à la main, vous vous lamentez de ne plus trouver dans le commerce, dans les ventes, la fine pièce dont vous rêvez. Elle n'existe plus.

Type CROISÉ Irrégulier suggéré.
sur champ carré.

Mais pourquoi ne vous tourneriez-vous pas vers ceux qui exécutent des Tapis d'après les mêmes principes que les anciens ? Vous verriez qu'ils sont peut-être en mesure de satisfaire votre goût.

Une Innovation : Nous vous offrons un plaisir rare et inédit...

Adressez-vous à nous ; nous sommes en effet **spécialisés dans le Tapis fait sur commande** dans les dimensions, le genre, le coloris, etc... que chacun préfère.

Le Tapis exécuté sur commande

L'on sait en effet que jusqu'à ce jour on n'avait pas d'autre ressource que d'acheter des tapis tout faits. Fatalement ceux ci ne répondaient pas exactement aux goûts des amateurs : tel Tapis plaisait par ses couleurs, mais ne convenait pas par ses dimensions. Tel autr pouvait plaire par ses dimensions ou ses couleurs, mais sa composition ou le caractère de sa décoration laissait à désirer, etc...

Avec nous vous aurez VOTRE Tapis.

Le choix dans les genres différents

Quand on parle à un amateur d'un Tapis de Feraghan, de Ghiordez, de Boukhara ou de Kashgar, il voit aussitôt clairement ce que l'on veut dire, sans qu'il soit besoin d'entrer dans des descriptions compliquées. Si l'on ajoute l'indication des couleurs dominantes et la dimension, il peut alors se rendre compte d'une façon très précise du Tapis qu'on lui décrit. Il voit en esprit l'aspect général et ne s'inquiète

plus des détails car cela lui suffit.

Notre classification s'inspire un peu de cette idée. C'est un

Alphabet des Formes

qui nous permet de composer un grand nombre de façons différentes de décorer la surface d'un tapis.

Tout ce que l'on peut concevoir peut se ramener aux neuf types généraux suivants :*

	Régulier	*Symétrique*	*Irrégulier*
I. Type PARTI			
II. Type COUPÉ			

* Les schémas indiquent seulement le type initial simple et une ou deux variantes. Certains pourraient tels quels faire de belles et simples compositions de Tapis. Certains autres ne peuvent guère être utilisés que comme partie d'un ensemble.

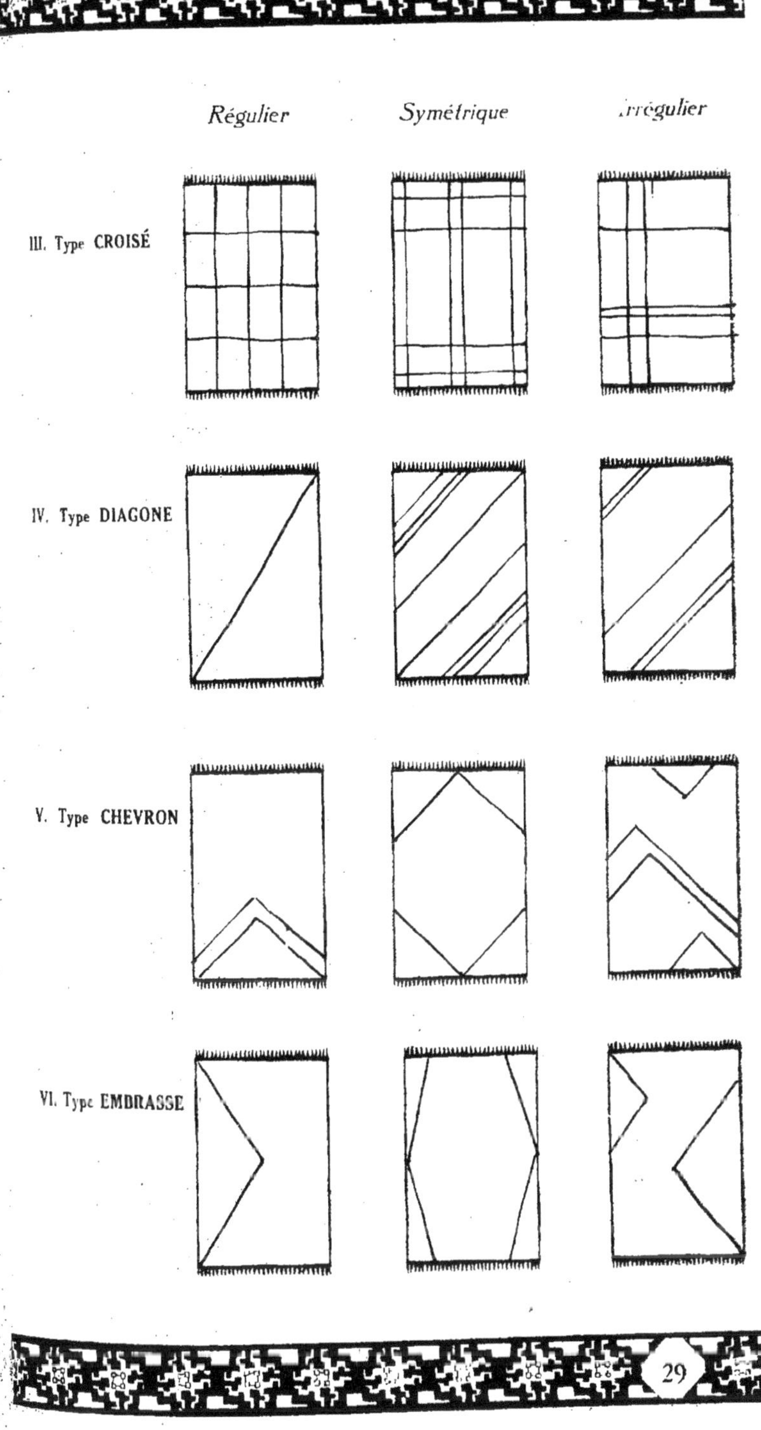
Régulier
Symétrique
Irrégulier
III. Type CROISÉ
IV. Type DIAGONE
V. Type CHEVRON
VI. Type EMBRASSE

Régulier *Symétrique* *Irrégulier*

VII. Type SAUTOIR

VIII. Type LOSANGE

Champ peu couvert *Champ assez couvert* *Champ très couvert*

IX. Type LIBRE

X. Type à MÉDAILLONS et CARTOUCHES

Cette catégorie comprend des combinaisons de tous les types précédents traitées par des courbes au lieu de lignes droites, en voici quelques exemples :

XI.
Types CURVILIGNE

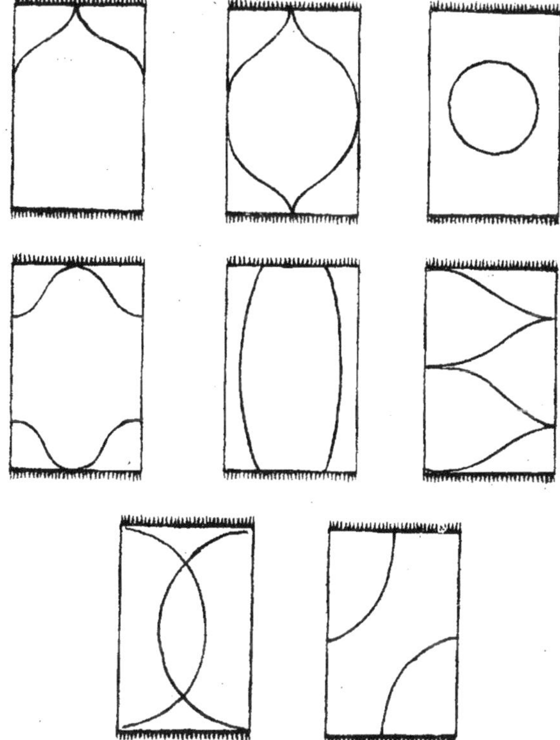

Nous n'employons pas volontiers les lignes courbes. Elles viennent en effet assez mal à l'exécution* et elles diminuent le caractère architectural du Tapis en l'éloignant des formes logiques désignées par la technique du tissage.

* Pour qu'une courbe soit nette, il faut que son rayon ait au moins une cinquantaine de points de longueur.

Néanmoins nous indiquons quelques exemples de types à formes arrondies pour faciliter le choix des clients qui tiendraient absolument à ces formes.

Quant à donner au tapis lui-même une forme circulaire, nous le déconseillons nettement dans le Tapis au véritable point noué à la main : la chaîne et la trame n'étant plus soutenues régulièrement, le tapis perd une grande partie de sa solidité.

Cela constitue peut-être un habile tour de force, mais la beauté véritable nous parait résider ailleurs.

Combinaison des Types entre-eux

Chaque type peut être employé en combinaison avec lui-même ou avec d'autres. Exemple page 33 dont le schéma est une combinaison des types "**PARTI**" et "**COUPÉ**".

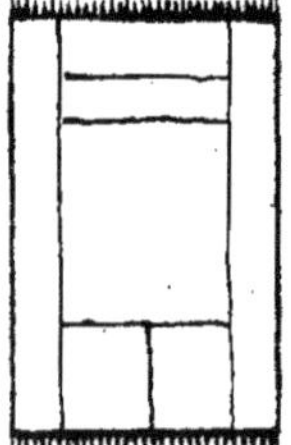

Type CROISÉ Symétrique.

avec un panneau central LIBRE

et quatre petits panneaux à DENTELURES et ENGRÊLURES

Page 39 on trouvera un exemple de combinaison du type **coupé** à dentelure créneau carré et du type **libre** sur champ large :

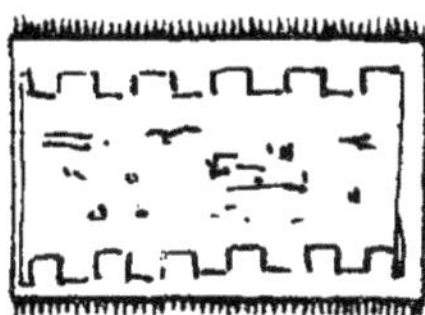

Voici des exemples de combinaisons diverses.

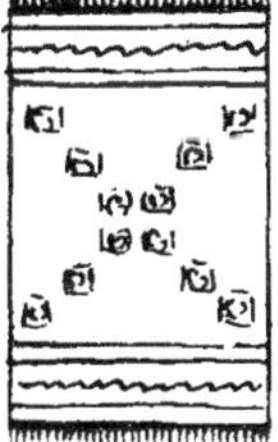

COUPÉ symétrique et SAUTOIR régulier - - - suggéré - - -

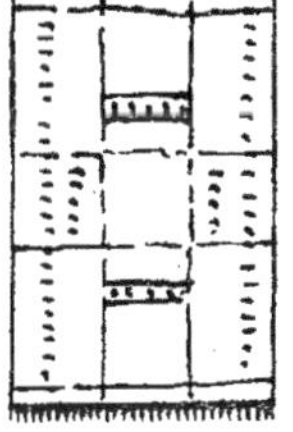

COUPÉ, PARTI et CROISÉ symétrique et PARTI suggéré

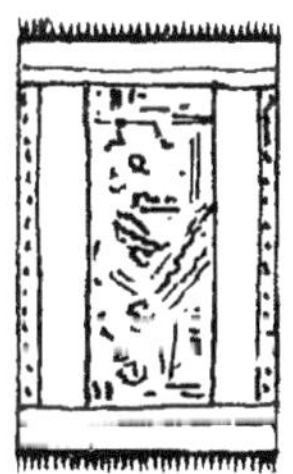

PARTI symétrique COUPÉ et LIBRE

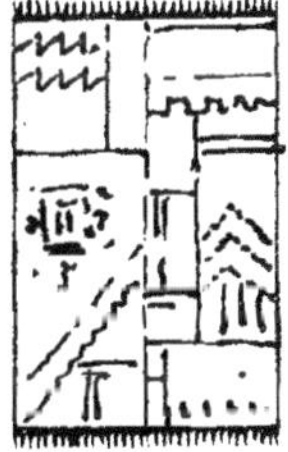

CROISÉ, CHEVRON et DIAGONE - - - irréguliers - - -

Le sens des fils de chaine étant toujours supposé vertical, les franges sont indiquées en haut et en bas dans nos schémas

Parfois le type de composition est très modifié par la nature du champ qui peut être

large carré

ou long

Cela peut avoir beaucoup d'importance dans les types qui comportent des lignes obliques, dont l'angle d'obliquité peut être plus ou moins grand.

Nous n'avons indiqué que le champ long qui est le format du tapis le plus courant et le plus classique, ce qui s'explique par la technique même de sa fabrication. Mais il va sans dire que l'on peut toujours envisager la composition d'un tapis sur champ large (Voir page 39) ou sur champ carré. (Voir page 26).

Sans avoir certes la prétention de passer en revue tous les genres possibles, dont

Type LIBRE avec Type COUPÉ
formant bordures.

le nombre est infini, nous avons étudié de très nombreuses possibilités et pourrons vous suggérer toutes sortes de combinaisons et d'idées neuves.

Caractère du motif décoratif

Plus le point est gros par rapport au motif, plus le caractère anguleux s'impose.

Dans l'immense majorité des cas, le Tapis au point noué à la main gagnera à être décoré surtout par des lignes droites, à cause de la grosseur relative de son point, alors que la plupart des autres tissus permettent à l'artiste de déployer toute son imagination, et de traduire jusqu'aux courbes les plus capricieuses.

Mais les lignes droites elles-mêmes, ne viennent pas toutes très bien à l'exécution. Celles qui viennent le mieux sont les horizontales et les verticales parce qu'elles sont continues, pleines et nettes. A ce point de vue les plus beaux tapis seraient donc ceux qui n'auraient que des verticales et des horizontales, comme par exemple ceux représentés par nos types " Parti ", " Coupé " et " Croisé ", en supposant leurs motifs intérieurs uniquement formés de verticales et d'horizontales. (Voir page 47)

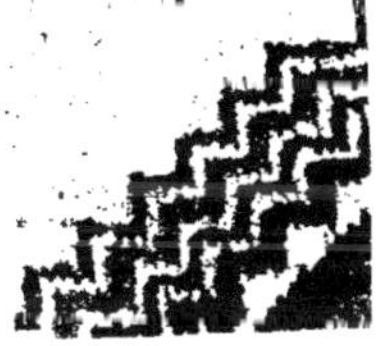

Mais cela ne peut suffire, et moyennant certaines précautions on peut et l'on doit employer les obliques.

Dans les lignes obliques les points sont plus éloignés les uns des autres que dans les horizontales ou les verticales ; et il en résulte une sorte de pointillé au lieu d'une ligne continue. Suivant l'angle d'inclinaison l'oblique est plus ou moins mauvaise ; il est souvent utile alors soit de doubler les points, soit de faire des engrêlures qui permettent d'obtenir les lignes obliques par le seul usage d'horizontales et de verticales.
(Voir Exemples d'Engrêlures Page 42)

Ces considérations n'ont trait qu'à l'une des nombreuses conditions que doit remplir le décor du tapis, et sans lesquelles sa valeur esthétique est amoindrie.

La recherche du motif décoratif destiné au tapis est donc une chose très difficile puisque les ressources de l'artiste sont limitées. Nous créons chaque jour des motifs nouveaux remplissant toutes les conditions requises : ces motifs étant ainsi constamment renouvelés, ils nous est impossible d'en donner ici le répertoire complet. Nous espérons que les illustra-

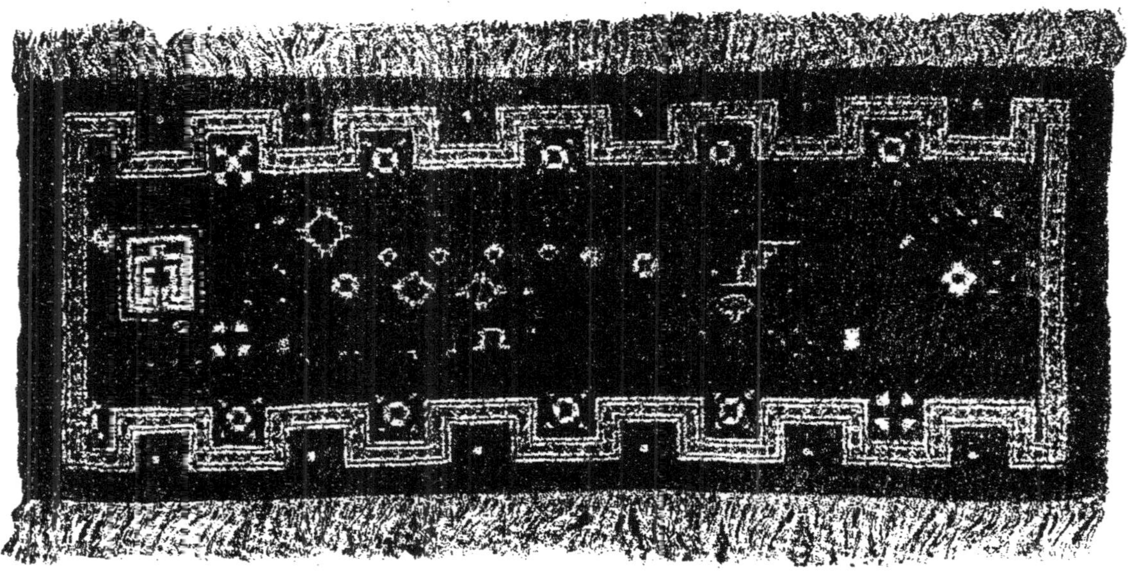

Type COUPÉ

Dentelure CRÉNEAU carré sur champ large. - Centre Semis LIBRE.

Grenat foncé. - Motifs Indigo pâle, Blanc, Noir.

Type LOSANGE suggéré

Encadrement CROISÉ régulier à Engrêlure, Équerre.

Petites Bordures.

Vert — Brun — Jaune.

tions qui accompagnent cette Étude éclaireront suffisamment nos clients sur ce point.

Nous prions ces derniers de bien vouloir nous faire confiance pour les détails de la décoration, qui sont en somme secondaires. Quant au parti décoratif général, nous suivrons les directives qu'ils nous donneront au moyen du questionnaire. (Voir page 48).

Caractère des lignes

Elles peuvent être **simples**, à **un** ou **plusieurs** points et servent à sertir les motifs ou séparer les champs.

Elles peuvent être **suggérées** soit par la rencontre des lignes de divers motifs, soit formées par la seule juxtaposition de deux champs différents.

Elles peuvent être **pointillées**,

dentelées

(pour les lignes horizontales ou verticales),

ou **engrêlées**

(pour les lignes obliques).

Dentelures et Engrêlures

Les dentelures et engrêlures varient à l'infini. Cependant dans l'art du Tapis elles gagneront à être nettement et simplement composées. Voici quelques-unes des variétés innombrables que nous employons :

Dentelure *Engrêlure*

Créneau carré

Chevron
et Équerre

Escarre

Épine

Bitte carrée

Escalier

Clou

T carré

Bitte crochue

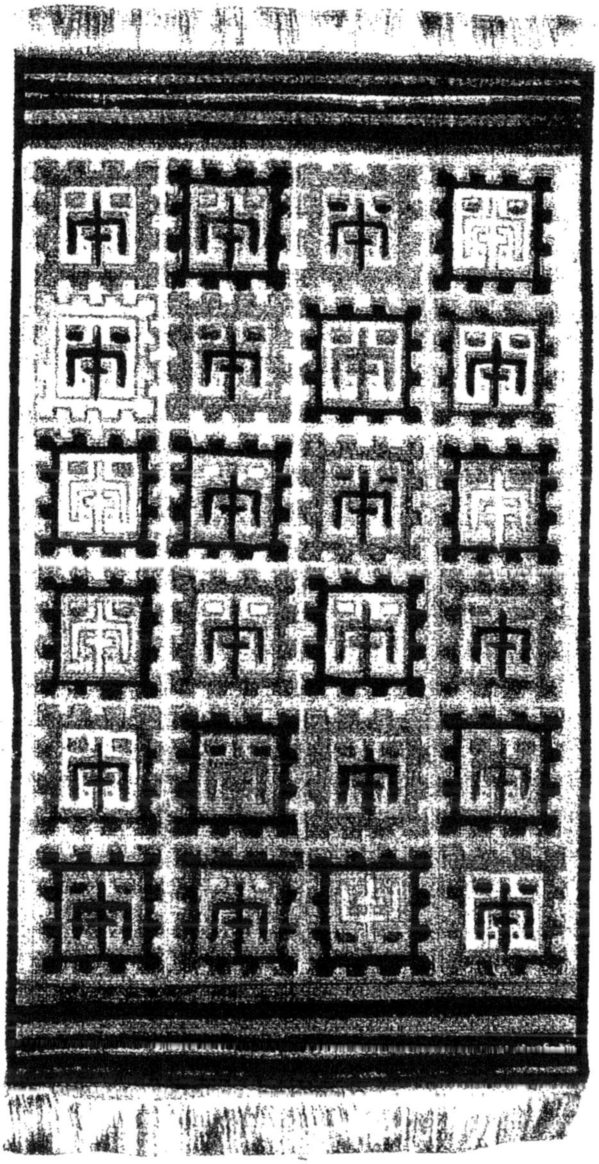

Type CROISÉ Régulier
Dentelure CRÉNEAU carré.

Caractères des bandes ou bordures

Les lignes de plus d'une 1/2 douzaine de points deviennent des bandes qui peuvent êtres unies, serties de dentelures ou engrêlures, encadrées d'autres bandes plus étroites, décorées de motifs divers. ou enfin. prendre des formes diverses de dentelures, engrêlures ou autres.

Ces bandes peuvent être de largeurs différentes, et même devenir des champs véritables suivant leur degré d'importance dans la surface totale du Tapis.

Exemple page 15 où les bandes haut et bas sont de vrais champs comportant une ornementation complète, et pouvant à elles seules constituer un tapis entier.

Couleurs

Ainsi que nous l'avons expliqué page 18 la gamme des nuances adoptée par la Manufacture des Tapis d'Art de la Côte d'Argent résulte d'un triage excessivement sévère des colorants de teinture, à la suite de longues recherches sur les mélanges et dosages des matières colorantes, la nature des eaux, la température et la longueur des bains, l'emploi de divers ingrédients, tours de mains, etc. . **Ce sont les plus solides qui aient jamais existé.** Aucun sacrifice n'est épargné pour offrir à nos clients le maximum de sécurité à cet égard : il ne s'agit pas seulement de

faire de beaux Tapis, il s'agit aussi de les faire tels, que dans un grand nombre d'années leurs couleurs soient aussi fraîches et aussi jeunes qu'au sortir du métier.

Dans ces conditions cette gamme est restreinte. Elle est cependant suffisante pour permettre à Abd-en-Nor de créer les variétés de Tapis les plus nombreuses et les plus variées.

Les zones de nuances

Notre atelier de teinture fonctionnant d'après les anciennes habitudes orientales, il est assez difficile d'obtenir deux fois la même nuance. C'est ce qui explique la présence dans nos tapis d'un certain nombre de **zones,** produites par l'emploi des nuances successives d'un même ton, soit dans les fonds, soit dans les motifs. Nos clients, amateurs de beaux tapis, savent que cette particularité se rencontre dans tous les vrais Tapis d'Orient, et bien loin de nous en faire un grief, ils en apprécient comme il convient toute la **saveur, l'imprévu** et le **charme.**

Dans les Tapis faits à la machine, on essaie d'imiter ces zones par des rayures dans les fonds, ou des changements de nuances dans les motifs. Nous croyons inutile d'insister sur le caractère factice et l'aspect banal de ces rayures.

Type PARTI symétrique avec **Type COUPÉ**
formant bordures.

Bistre, Saumon, Roux,
quelques touches de bleu et de blanc.

Type CROISÉ régulier à Damiers

Dentelure CRÉNEAU carré.

(même dessin que celui de la page 43, traité en Noir et Blanc).

Commandes. Après avoir parcouru les indications qui précèdent, nos clients pourront le plus aisément du monde, faire le choix du tapis de leur goût qu'ils désirent nous faire exécuter.

Il leur suffit en effet de nous indiquer sur la fiche ci-annexée* :

1° - *Les dimensions du Tapis.*

2° - *Le type, ou la combinaison des types, avec au besoin un petit schéma.*

3° - *Le caractère des principaux motifs décoratifs et leur échelle relative (anguleux, souples, carrés, arrondis, petits, moyens, grands.)*

4° - *Dire si l'on veut le champ peu chargé de motifs, ou moyennement, ou très couvert, ou avec des parties unies.*

5° - *La tonalité générale, les couleurs dominantes préférées, (une ou deux maximum, s'en rapporter à nous pour les autres). Nous dire si l'on aime de nombreux tons différents, ou au contraire très peu.*

6° - *Le nombre approximatif de points au décimètre carré.*

* Nous enverrons sur demande d'autres fiches semblables.

Dès que nous serons en possession de ces renseignements, nous ferons une aquarelle à l'échelle du 1/10 environ.

Cette aquarelle sera adressée au client, qui nous la renverra avec ses observations ou ses critiques, dont nous tiendrons le plus largement compte dans l'exécution.

Si notre premier projet était trop éloigné des désirs du client, nous ferions volontiers d'autres envois.

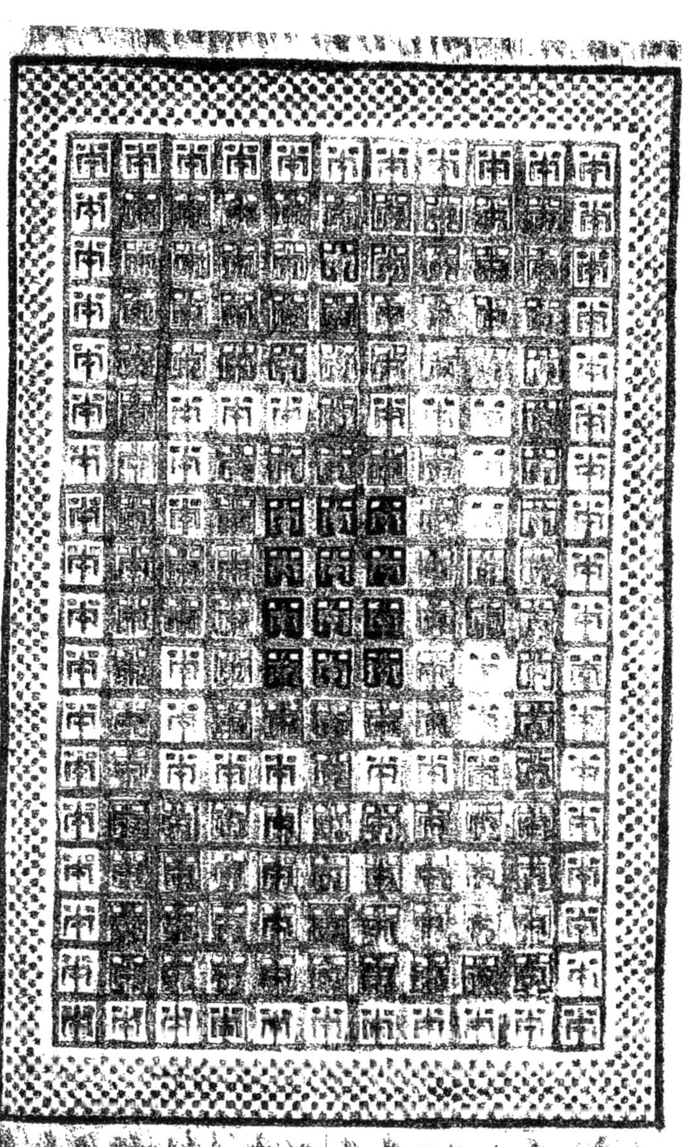

Type CROISÉ Régulier.

Centre formant médaillon.

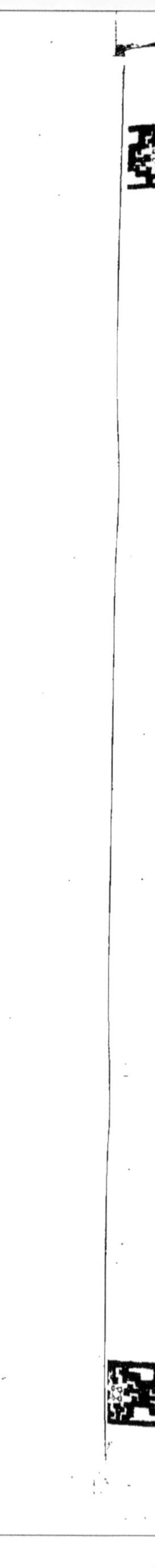

Réparations — Nous avons des ateliers spéciaux de réparations des Tapis - Anciens ou Modernes - ainsi que des Tapisseries. Nous nous chargeons de toutes restaurations, stoppages, remises à neuf, nettoyage, à des prix très modérés, et nous garantissons un travail irréprochable, livré dans les plus courts délais.

Nettoyage — Nous nous chargeons du nettoyage des Tapis et notamment des anciens. Nous employons pour cela une poudre spéciale fabriquée par nous dans ce but : la **"Sivorine"**, (à base de sciure de pin des Landes injecté). L'emploi de cette poudre se recommande pour les nuances délicates des Tapis anciens.

Nous la fournissons en sachets de contenances diverses :

Sachet pour nettoyer 1 m², le sachet .... fr.

— — — 3 m² — .... fr.

— — — 6 m² — .... fr.

PRIX ET CONDITIONS DE VENTE

Nos Tapis sont vendus au comptant et pris à Bordeaux.

Ils voyagent aux risques et périls du destinataire et sont payables dans Bordeaux :

1/3 du montant approximatif au moment de l'envoi de nos projets en couleurs*. Le solde au moment de la livraison contre remboursement ou par chèque postal. **(Compte Chèques Postaux N° 24.168 - Bordeaux).**

Tout différend sera jugé par les Tribunaux de Bordeaux.

* Chaque aquarelle supplémentaire est comptée à raison de 10 francs par mètre carré de surface du Tapis à exécuter.

DELTEIL FILS FRÈRES - Bordeaux - 1926.

Type PARTI Régulier.

cantonné au centre avec SEMIS et CHEVRON fantaisie.

Tapis sur commande

QUESTIONNAIRE

à nous renvoyer rempli pour nous permettre de vous adresser nos projets.

19, Rue Dauphine, 19
BORDEAUX

Dimensions du Tapis : ....

Type ou combinaison des Types, avec au besoin, un petit schéma :
(Voir au verso)

....

Caractère des principaux motifs décoratifs et leur échelle relative (anguleux, souples, carrés, arrondis, petits, moyens, grands) :

....

....

Dire si l'on veut le champ peu chargé de motifs, ou moyennement, ou très couvert, ou avec des parties unies :

....

....

Tonalité générale, couleurs dominantes préférées, (une ou deux maximum, s'en rapporter à nous pour les autres). Dire si l'on aime de nombreux tons différents ou au contraire très peu :

....

....

Nombre approximatif de points au décimètre carré : ....

Dès que nous serons en possession de ces renseignements, nous vous adresserons **un projet** *en couleurs.*

Vous voudrez bien nous le renvoyer avec vos observations et critiques, dont nous tiendrons le plus largement compte dans l'exécution. Si vous le désirez, un **deuxième projet** *sera soumis à votre approbation.*

Tout projet demandé au-delà du deuxième sera facturé à raison de **10 francs** *par mètre carré de la surface à exécuter.*

Paiement dans Bordeaux : *1/3 du montant approximatif au moment de l'acceptation du dessin ; le solde à la livraison.*

SCHÉMA

www.ingramcontent.com/pod-product-compliance
Ingram Content Group UK Ltd.
Pitfield, Milton Keynes, MK11 3LW, UK
UKHW020408180726
13839UKWH00003B/1277

9 782329 209357